Inhalt

Die EU-Pestizid-Verordnung - Weniger Gift auf dem Tisch

Kernthesen

Beitrag

Fallbeispiele

Weiterführende Literatur

Impressum

Die EU-Pestizid-Verordnung - Weniger Gift auf dem Tisch

I.Zeilhofer-Ficker

Kernthesen

- Das EU-Parlament hat im Januar 2009 das Verbot von besonders giftigen Pestiziden beschlossen.
- Da die momentanen Zulassungen ihre Gültigkeit behalten, können die hochgiftigen Wirkstoffe aber noch bis längstens Ende 2018 eingesetzt werden.
- Durch die Verordnung möchte die EU langfristig eine signifikante Reduzierung des Einsatzes von Pestiziden erreichen, bedenkliche Substanzen sollen aus unseren Lebensmitteln ganz verschwinden.

Beitrag

Brot, Fleisch, Gemüse und Obst machen den Hauptanteil unserer täglichen Ernährung aus. Kauft man im Supermarkt konventionell erzeugte Produkte, so beschleicht einen oft ein unangenehmes Gefühl denn die Meldungen über Gifte in Lebensmitteln reißen nicht ab....

Pestizidrückständen in Lebensmitteln kann man höchstens mit Bio-Produkten entgehen

Die meisten Bauern sind der Meinung, dass die moderne Landwirtschaft ohne Pestizide und Fungizide ihrem Versorgungsauftrag für die Bevölkerung nicht mehr gerecht werden könnte. Das Resultat sind chemische Rückstände in Obst und Gemüse, in Getreideprodukten und sogar in unserem Trinkwasser. In rund der Hälfte aller kontrollierten Obst- und Gemüseproben finden sich regelmäßig Pestizidrückstände, oft in gesundheitsbedrohlicher Konzentration. Besonders kritisch sind Mischungen von verschiedenen Wirkstoffen, da man nicht weiß, ob und wie sich deren Wirkung im menschlichen

Körper beeinflusst oder gar potenziert. Die Bauern bringen ganz bewusst unterschiedliche Pestizidwirkstoffe auf, damit sie die einzelnen Grenzwerte pro Wirkstoff nicht überschreiten. Dass diese Praxis möglicherweise schädliche Auswirkungen auf den Verbraucher haben könnte, wird billigend in Kauf genommen. [(1)](), [(2)](), (11)

Dabei sind chemische Rückstände in Lebensmitteln der Verbraucher größte Sorge. Der Boom zu biologisch erzeugten Nahrungsmitteln wird zum Großteil auf diese Sorge zurückgeführt. 345 verschiedene Pestizide wurden schon in Nahrungsmitteln nachgewiesen viele davon hochgiftig, krebserregend oder mit schädlicher Wirkung auf die Fortpflanzungsfähigkeit oder das Erbgut. Und da die Pestizide oft großflächig versprüht werden, gelangen Teile davon über die Luft oder das Wasser auch auf biologisch bewirtschaftete Felder. Dies zeigen immer wieder Rückstandsfunde in Bio-Lebensmitteln, die dort aber in wesentlich geringerer Konzentration vorkommen. [(1)](), [(2)](), [(3)]()

Der Markt für Pflanzenschutzmittel ist weltweit über 33 Milliarden US-Dollar schwer. In Europa werden Jahr für Jahr rund sechs Milliarden Euro mit der Chemie für den Acker umgesetzt. Ein riesen Markt, den sich die Chemiefirmen ungern kaputt machen lassen würden. Jegliche politische Bemühungen um weniger oder unschädlichere Pestizide werden und wurden deshalb von den entsprechenden Industrielobbyisten mit großer Energie bekämpft. (3), (4)

Europa bekommt die härteste Pestizidverordnung der Welt

Die Europäische Kommission und auch das Parlament waren sich eigentlich schon vor über einem Jahr einig, dass hochgiftige Wirkstoffe in Pflanzenschutzmitteln verboten werden sollen. Ein entsprechender Vorschlag wurde vom EU-Parlament in erster Lesung angenommen. Nach erfolgreicher Lobbyarbeit der Chemieindustrie tauchte im letzten Frühjahr dann aber ein abgeschwächter Gegenvorschlag auf, der die Verordnung ziemlich verwässert hätte. In langwierigen Verhandlungen haben sich die EU-Gremien im Januar 2009 dann auf eine Verordnung geeinigt, die das langfristige Verbot von hochgefährlichen Substanzen in Pflanzenschutzmitteln zwar zum Ziel hat, der Industrie aber eine Übergangszeit von bis zu zehn Jahren einräumt. (5), (6), (7)

Dieser Kompromiss, der am 13. Januar 2009 vom Europäischen Parlament mit großer Mehrheit angenommen wurde, ist trotzdem die schärfste Pestizidverordnung weltweit. Bisher hatte man sich immer auf mehr oder weniger hohe Grenzwerte geeinigt, ein komplettes Verbot von Substanzen wie jetzt beschlossen ist geradezu revolutionär zu nennen. Die noch ausstehende Zustimmung der Agrarminister-Konferenz gilt als Formalie. Die Mitgliedsländer müssen nun die Verordnung bis spätestens zum Jahr 2011 in ihre nationale Gesetzgebung aufnehmen. (6), (8)

Die Verordnung im Detail

Die Verordnung gliedert sich in zwei Bereiche auf. Im ersten Teil wird die Zulassungsfrage geregelt. Der gesamte Zulassungsprozess ändert sich dahingehend, dass die Europäische Gemeinschaft eine Positivliste erstellen wird mit Wirkstoffen, die in Pestiziden bedenkenlos zugelassen werden können. Wird eine Zulassung für ein Pestizid mit einem Wirkstoff auf dieser Liste beantragt, so soll dies unbürokratisch auf nationaler Ebene genehmigt werden können. Die Zulassung in einem Mitgliedsland bedeutet, dass die Chemikalie auch in allen anderen Ländern der gleichen Zulassungszone eingesetzt werden darf. Insgesamt wurden drei Zonen definiert, eine Nord-, Mittel- und Südzone, um den unterschiedlichen klimatischen und dadurch landwirtschaftlichen Voraussetzungen in den einzelnen Regionen Rechnung zu tragen. (6), (8)

Hochgiftigen Substanzen wird keine Zulassung mehr erteilt werden, allerdings sind die momentan gültigen Zulassungen zu respektieren. Betroffen sind Stoffe, die krebserregend, Erbgut oder Fortpflanzungsfähigkeit schädigend oder gefährlich für das Nerven- oder Immunsystem sind. Eingeschlossen sind auch Wirkstoffe, die der Körper nicht abbauen kann oder die sich im Körper anreichern. Da Zulassungen bisher immer für zehn Jahre erteilt wurden, können die Pestizide mit diesen Substanzen noch längstens bis Ende 2018 hergestellt und eingesetzt werden. Eine Verlängerung der Zulassungen ist dann generell nicht mehr möglich. In Notfallsituationen (z. B. Seuchen bei Getreide) kann allerdings eine Ausnahmegenehmigung für höchstens fünf Jahre erteilt werden, wenn es keine unbedenklichere Alternative gibt. (6), (7)

Nach dem massiven Bienensterben aufgrund eines Pestizideinsatzes für Mais im vergangenen Jahr werden künftig auch keine Wirkstoffe mehr zugelassen, die die Bienenvölker gefährden. (6), (7)

Die Diskussionen über verträgliche Grenzwerte wird es also in Zukunft nicht mehr geben, da die

Wirkstoffe insgesamt dann nicht mehr zugelassen sind. Und auch Importwaren, die mit den giftigen Substanzen belastet sind, dürfen nach dem Auslaufen der Zulassungen nicht mehr eingeführt werden. Ein Wettbewerbsnachteil für europäische Bauern ist deshalb nicht zu befürchten. Auch wenn die Chemieindustrie mit dem Ende unserer Nahrungsversorgung als Folge dieser Verbote droht, so sind sich Experten und Politiker darüber einig, dass erst einmal nur 22 Wirkstoffe betroffen sein werden. Von einer Bedrohung unserer Ernährung kann kaum die Rede sein, wenn diese fünf Prozent aller Pestizide im Laufe von 10 Jahren verschwinden werden. (9), (10), (11)

Der zweite Teil der Verordnung beschäftigt sich mit dem Einsatz von Pestiziden. Grundsätzlich wird das Versprühen von Pflanzenschutzmitteln per Flugzeug oder Hubschrauber in den Mitgliedsländern verboten. Außerdem dürfen Pestizide in der Umgebung von Schulen, Kindergärten, Spielplätzen und auch Krankenhäusern nur noch sehr eingeschränkt verwendet werden. Puffer- und Sicherheitszonen sind zum Gewässer- und Trinkwasserschutz zu errichten. (6)

Eine Direktive will den nachhaltigen Umgang mit Pestiziden vorantreiben und den Einsatz der Chemikalien reduzieren. Dazu sollen nicht-chemische

Alternativen wie Fruchtwechsel oder ähnliches beworben werden. Jedes Mitgliedsland muss einen Nationalen Aktionsplan entwickeln, wie die Risiken und die Belastung durch Pestizide verringert werden können. (6)

Fallbeispiele

Das Pestizid Clothianidin, mit dem große Aussaaten von Mais behandelt wurden, verursachte im Frühjahr 2008 den Tod von 300 Millionen Bienen allein in Deutschland. In Frankreich wurden rund 60 Prozent der Bienenvölker vernichtet, in den USA 40 Prozent. Für die im Landbau überaus wichtigen Bienen ist die neue Pestizid-Verordnung ein Segen. (3)

Den weltweiten Markt für Pflanzenschutz (33,4 Milliarden US-Dollar) teilen sich nur wenige Unternehmen auf. Hier die wichtigsten:

-Bayer Crop-Science (Deutschland): 7,4 Milliarden US-Dollar 22 Prozent

-Syngenta (Schweiz): 7,3 Milliarden US-Dollar 22 Prozent

-BASF (Deutschland): 3,9 Milliarden US-Dollar 12 Prozent

-Monsanto (USA): 3,8 Milliarden US-Dollar 11 Prozent

-Dow Agro-Sciences (USA): 3,1 Milliarden US-Dollar 9 Prozent

-Dupont (USA): 2,2 Milliarden US-Dollar 6 Prozent (3)

Weiterführende Literatur

(1) Giftige Reaktion der Giftmischer
aus Süddeutsche Zeitung, 13.01.2009, Ausgabe Bayern, München, Deutschland, S. 2

(2) Obst und Gemüse enthalten oft Gifte In fast allen Produkten finden die staatlichen Lebensmittelkontrolleure Pestizide. Bei 20 Prozent des Grünkohls werden die gesetzlichen Höchstmengen überschritten. Verbraucherschützer fordern, mehr zu kontrollieren und schwarze Schafe zu nennen
aus taz, 14.10.2008, S. 8

(3) EU verbietet gefährliche Pestizide
aus Handelsblatt Nr. 009 vom 14.01.09 Seite 5

(4) Auf dem Boden der Tatsachen
aus Süddeutsche Zeitung, 13.01.2009, Ausgabe

München, Deutschland, Bayern, S. 2

(5) Krebserregende Pestizide bleiben erlaubt Das EU-Parlament wollte krebserregende Substanzen in Pestiziden ganz verbieten. Der neue Vorschlag der EU-Kommission zur Pestizidverordnung, der von der Bundesregierung unterstützt wird, sieht aber das Gegenteil vor. Agrarminister entscheiden
aus taz, 19.05.2008, S. 8

(6) O.V., Pesticides legislation: the final lap, Briefing 12-15 January 2009 Strasbourg plenary session, Europaparlament, www.europarl.europa.eu
aus taz, 19.05.2008, S. 8

(7) EU mit weltweit strengster Gift-Verordnung
aus ftd.de vom 13.01.2009

(8) Brüssel will weniger Gifte auf dem Acker Obst und Gemüse im Supermarkt sind knapp zur Hälfte mit Ackergiften belastet. Nun regelt Brüssel deren Zulassung neu und verbietet besonders gefährliche Chemikalien. Umweltschützern geht die neue Richtlinie nicht weit genug
aus taz, 12.01.2009, S. 9

(9) Umweltausschuss will neuro- und immunotoxische Stoffe verbieten - Aufteilung der EU in drei Zulassungszonen abgelehnt - Unschädlichkeit für Bienen nachweisen - Weniger Bürokratie für kleine Kulturen verlangt - Einsatz besonders besorgniserregender Stoffe um 50 Prozent

zurückfahren - Scharfe Kritik aus der Wirtschaft
aus Agra-Europe (AgE), 49. Jahrgang Nr. 46 vom 10.11.2008

(10) Gefährliche Pflanzenschutzmittel werden verboten
aus Stuttgarter Zeitung, 14.01.2009, S. 10

Impressum

Die EU-Pestizid-Verordnung - Weniger Gift auf dem Tisch

Bibliografische Information der deutschen Nationalbibliothek

Die Deutsche Nationalbibliothek verzeichnet diese Publikation in der deutschen Nationalbibliografie; detaillierte bibliografische Daten sind im Internet über http://dnb.d-nb.de abrufbar.

ISBN: 978-3-7379-1496-3

© 2015 GBI-Genios Deutsche Wirtschaftsdatenbank GmbH, Freischützstraße 96, 81927 München, www.genios.de

Alle Rechte vorbehalten. Dieses Werk ist einschließlich aller seiner Teile – z.B. Texte, Tabellen und Grafiken - urheberrechtlich geschützt. Jede Verwertung außerhalb der Grenzen des Urheberrechtsgesetzes bedarf der vorherigen Zustimmung des Verlags. Dies gilt insbesondere auch für auszugsweise Nachdrucke, fotomechanische Vervielfältigungen (Fotokopie/Mikroskopie), Übersetzungen, Auswertungen durch Datenbanken oder ähnliche Einrichtungen und die Einspeicherung und Verarbeitung in elektronischen Systemen.